심천시호명시선 제1집

당신으로
심천(深泉) 청정수
감미로워 한가득

심천시호명시선 제1집

당신으로
심천(深泉)청정수
감미로워 한가득

권영주 외 16인

심천시호명시선편집위원 간

「심천시호명시선집」을 내면서

아름다운 시심을 만났더니
고상한 시감에
시향이 감미롭다
어느 베스트셀러 소설가의
'유명작가라뇨' 겸허지언에서
잘 팔려야 대가가 된다는
원칙 따윈 하위개념 논거

성실과 인내로 한 시어 연금
반듯한 자기 얼굴로 창작하는
진솔한 시품의 시인이 걸출인

잔재주 피우지 않은 신뢰
시건방지지 않은 덕망
때 묻지 않은 청아
까탈지지 않아 고고한

화관 인품의 향 짙은 헌시들
초록동색 절묘로 은반 옥주

심심(深心)의 보석 시흥에 감사
기 꺾을 수작 대조대비 편달로
무한 가능성 시호 등정에 박차를
1946년 을유문화사에서
박목월 '청노루'를 한자화
6인시집 '청록집' 펴낼 때
3인 청록파 불측이 시류

'청노루'의 박목월 시세계처럼
자연을 제재로 인간을 읊는
박두진 조지훈 등 의기투합
'청록집' 고수 오늘의 청록파
영원할 독보적 문단 지존들

순수 시혼의 청정 심천수로
향촌 정서 싱그럽게 꽃 피울
시성 후예 17시선 고고지성
생명 한가득 새 세계 열어라

—편집인

CONTENTS

CONTENTS

CONTENTS

CONTENTS

CONTENTS

CONTENTS

CONTENTS

권영주

송년의 노래

바다

아스팔트가의 단풍 나무들

불면의 가을밤 사이로

가을

휘파람을 부세요

미로의 바다

비 오는 날의 삶의 연가

속삭임

거울을 보면서

문예사조 신인상 수상
한국 현대문학 100주년 기념 문학상 수상
(사) 한국시인연대 중앙위원장
(사) 새한국문학회 운영상임이사 및 연수원 교수, 시분과 회장
(사) 한국낭송문학가협회 부회장
한국문인협회 회원
시와 반시 동인
저서 : 시집「여명」
공저 2004년「시인 96인 한국명시선」
2005년「시인 100인 한국명시선」
2011년「한국대표명산문선집」,「한국대표명시선집」
2012년「시와 언어예술의 만남 애송시 낭송시집」
2012년「한국대표명시선집」 외 다수
현재 : 문학지도사, 생활체육 지도자, 에어로빅 지도자
성폭력과 가정폭력 생명의 전화 상담원
어린이의 보육 정교사

송년의 노래 외9편

나의 노래는 알몸으로 뒤집혀
江에 떠 가고 있다

꺾인 나뭇가지에 핀
기억의 꽃들이
어둠 속에서 나의 얼굴이 되어
이지러진 꿈의 벼랑을
타 오르고 있다

어둠을 분해하는
수줍은 꿈 조각
허리 꺾인 깊은 시간 속에
찬연(粲然)한 아침은
일어서고 있다

겸허한 빛살을 건져 올리며
투명한 알몸으로
바람을 어루만진다.

바다

— 열애일기 · 2

가을의 옷을 벗고
님을 만나러 간다
그 여자는
맨몸으로
맨살, 맨허리를
감싸 안는 싱싱한 달빛 바람으로
파도를 탄다

아! 겨울바다.

아스팔트가의 단풍 나무들

고통을 껴안고 묵묵히 미소로써 서 있는
마지막 가는 시월의 아스팔트 위에
질책이라도 하듯
활활 타오르는 나의 젊음도
이제는 갈 길을 잃어
여기 저기 나뒹굴고 있소

머얼리서 울리는 기적 소리도
한 차례 깊은 바람도
정녕 아쉬움으로
뜨거움을 남기며
옷깃을 여미고 있소

나는 바람과 바람 사이를
헤집고 다니며
생명을 불어 넣고 있소

불끈 솟아 오른 빌딩 숲 사이로도
가을은 날갯짓 하며
퍼덕이고 있소

생명은 찬란한 단풍 빛으로

채색(彩色)되어 영겁(永劫)의 날들을
영롱한 진실로 맞아들이고 있소

그 어디메이뇨
황혼이 짙어갈 즈음
마음을 비우고
비로소 가슴을 열며
금빛 생명의 불 위를 걷는
신비의 여인이 되겠소

아픔을 딛고 피어나는
숙명의 꽃이기에
기다리고 기다리고
또 기다리겠소

다시 태어날 그날들을….

불면의 가을밤 사이로

고요가 세상(世上)을 넘칠 때,

불면(不眠)을 일으켜 세우는
금빛 언어들의 수런거림에
등줄기 타고 흘러내리는 식은 땀

진한 커피 한 잔에
머리를 식혀
입안 가득,
가을을 몰고 온다

하늘에서 하늘로
거리에서 거리로
온몸 흔들며 쏟아져 내리는
고독의 한 줄기 몸 안 가득 받아
뾰족뾰족 솟아나는 가을 새싹들처럼

그리운 꿈 향해
설레임 속 사랑으로
눈 비비며 깨어나는 햇살 한 아름
파다닥 열린 가슴으로
노랠 부른다.

가 을

들녘 저편 하늘로부터
수줍은 처녀의 복사꽃 뺨처럼 타오르던,

가을은, 파아란 옷에 짙은 선홍빛 립스틱을 바르고
거리로 나와 바람 위의 마른 풀처럼

푸릇푸릇 돋아난 주택들의 방 안을
기웃거린다

여기저기서 쏟아져 나온
가을의 눈들이
"하하하 호호호"
보도블록 위를 걸어다닌다

가을은
자유로부터의 노래를!

휘파람을 부세요

"저어 휘파람을 부세요, 네!"

그러면,
날개를 활짝 펼쳐
한껏 날을 거예요

모든 허상 뿌리치고
감성과 이성의 가지마다 헤쳐

능선을 타고 유유히 흘러가는
가을 하늘처럼

조금은 따사롭고 조금은 서늘한 연인으로
당신께 다가갈 거예요

"저어 휘파람을 부세요, 네!"

그러면,
긴 날개 몸부림으로
둥지를 틀어

천지(天地)간 바람 되어

산천초목(山川草木)을 쓸며

한 점 부끄러움 없는
태초의 모습 그대로

파르르 열린 가슴으로
가을 햇살 한 아름
피울 거예요.

미로의 바다

야간 열차 타고 어두운 길
더듬었다

웅웅거리는 팔월의 소리들,

긴 터널의 바다에 귀 기울이며
술렁인다

바다는 파도를 타고 넘실대며
나를 부른다

꿈을 안고
가을을 부른다.

비 오는 날의 삶의 연가

비 오는 날
속살 여미며 새벽을 흔들어 깨우는
그리움으로
젖어든 가슴팍 한가운데

삶의 연주는
소나기 퍼붓는 선율 따라
핏빛 소망으로 둥지를 튼다.

지고한 목숨의 연원으로 자리매김한
님의 황홀한 언저리

여명의 종소리는
풋풋한 사랑의 체온으로
닻을 내리며

저 건강한 부활의 아침을 맞는다.

속삭임

꽃을 흔들고 가는
바람 속으로
하늘의 소리가 들려온다

먼지 이는 길목을, 접어 세우면
별들의 이야기가 들려온다

별 하나의 은은한 절규와
꽃 하나마다 피는 횃불의 즙

그림자여!
그림자여!

오, 나르는 사고(思考)의 머플러여.

거울을 보면서

내가 없는데
네가 있을 수 없다
눈앞을 가로막고 서 있는
스스로 고통스러워 하는
육신의 길에는
잃어버린 모든 것들을
꽉 채우고 나니
모두 내 것이 아니었다
아니 나의 것은 하나도 없었다
어두운 길 헤쳐
천근만근 등불을 지고 가는
어리석음이여
마음의 창 하나
제대로 열어 놓아도
노을꽃 핀 먼 저곳으로
젖은 어깨 들썩이며
하늘 전부 쏟아져 들어오는 것을….

김 영 종

그대 향한 사랑
코스모스
심마니
시계
반지
가을이 가는 소리
구름은 바람과 함께
깊은 밤에
어부의 노래
북소리
비발디의 봄
술잔
별이 우네요

충남 보령 출생
한양대학교 건축공학과 졸업
(사) 한내문학 회장
서해개발(주) 전무이사

그대 향한 사랑 외12편

내가 기뻐할 수 있는 것은
당신에게 줄 수 있기 때문입니다

내가 힘이 나는 것은
당신을 지키기 때문입니다

가는 길이 외롭지 않음은
동행하는 당신이 있기 때문입니다

내 삶이 행복한 이유는
당신을 사랑하기 때문입니다

코스모스

투명한 수채화 옷감으로
여덟 잎 날개 달고
가녀린 목으로 고개 숙여
벌 나비에게 인사한다

부드러운 산들바람
가는 가지 휘감고
모두가 나를 반길새라
기분이 너무 좋아

구경나온 사람도
나비도 함께 입맞추며
가을과 같이 동행하니
금년이 행복이로다

심마니

솔잎 사이 한 줄기 빛으로
밤새 기도한 눈빛이여

숲속 바위틈 깊이 잠드신 님
행여 깨일까 기척을 줄이고

그리움에 가슴 졸이며
날마다 간절히 기다린 님

꽃보다 더 진한 향기로
내게 입맞춤하는 날

터질 듯 심장으로 껴안고
님과 덩실 춤을 추리라

시계

섰다 가면 좋으련만
쉬어 가면 편하련만
너는 항상 가는구나

가는 세월 못 세워서
걸음마저 비척이니
듣기조차 지치도다

원망한들 네가 서나
후회한들 돌아가나
너와 같이 나도 간다

반지

너와 나 작은 손가락에
나를 담고 너를 담아
항상 같이 하자고
노란빛으로 약속했지

어두울 땐 등불 되고
비올 땐 우산 되어
어디에나 같이 가자고
동그라미로 약속했지

영원히 변치 않는
소중한 사랑

굵어진 마디로
빠지지 않을 때까지
끝까지 같이 가자고….

가을이 가는 소리

어제부터 외로워한 바람이
색 바랜 갈대숲을 흔들며
듣기조차 슬프게 지나갑니다

늦은 오후 햇살을 즐기던 감은
힘없이 떨어지는 낙엽 소리를
이별가처럼 가슴 아프게 듣고

생명 다해 가는 숨찬 가을 소리를
그나마 변함없는 소나무만이
안타까이 들어 줍니다

구름은 바람과 함께

나를 사랑하고 있던
따스한 님의 품은
어느새 사라지고

저 산 너머 희미하던
회색의 파도가
운명을 타고 밀려와
내 님을 앗아갔네

보였으나 떠나가고
가까이 온 것은
바람에 실려온 구름

기다리는 마음도
차라리
바람과 함께
운명에 맡기자

깊은 밤에

백색의 벽에
바위 같은 침묵이
천정에서 내려오고
강물 같은 생각이
감은 눈에 파고 든다

지난 것은 미련을 버리자고
후회 같은 건 하지 말자고
지샌 밤마다 다짐했건만

내동댕이 쳤던
고단했던 기억은
모래를 적시듯 밀려오는
바닷가 들물처럼
깊은 밤을 덮고 있다

어부의 노래

먼동의 파도여 장단을 맞추어라
어기야 디야 내가 나가신다

뱃머리 앉아 있는 갈매기 놈아
날 따라 노래 않고 무얼 하느냐
내 배가 만선돼도 멸치 한 줌 없느니라

자빠진 돛대 다 갈라지고
닳아빠진 삿대 구불거려도
에헤야 오늘은 전어로 채우고
디헤야 내일은 꽃게로 채우리라

툴툴거리던 내 마누라
감춰둔 술병 꺼내 들고
해지기 기다린다

북소리

땅이 우르르 흔들리더니
화산이 폭발하고
용암이 솟구쳐 올라
산천초목이 떤다

천리 밖까지 호령하는
장수의 포효에
수십만 적군이
땅 속으로 숨었다

반도의 용맹한 아들이
수만리 타국에서
찢어지게 친 북소리는

두고 두고
대양을 흔드는
폭풍과 파도로
내 곁에 얼씬하지 못하리라

비발디의 봄

명주실 아지랑이
잔디 위로 수놓고
하늘 높이 종달새 소리
새싹 위로 떨어지네

쏟아진 봄 햇살에
민들레 얼굴 내밀면
자태 뽐내던 흰나비
부끄러워 나래 접네

달래 캐던 봄처녀
마음이 하도 싱숭생숭하여
칭얼거리며 노래 부르다
저도 몰래 사르르 잠이 들었네

술잔

넘치는 술잔 속에서
페르시아 미녀가
이슬처럼 울고 있구나

황홀한 불빛
영롱한 진주의 눈물은
잔 끝으로 넘치며
마른 내 목을 적신다

사랑스런 여인이여
그대의 아름다움은
내 잔 속에 있을 때라는 걸
잊지 말아요

별이 우네요

차디찬 검은 허공에
하얗고 노란별 초록별
만났다 헤어졌다
슬프게 향연을 하네요

눈물 같은 별빛으로
잔치를 즐기다
눈에 들어간 빛으로
오색 눈물이 나네요

깊은 하늘이 슬프게 울어
나도 울지만
같이 울어주니
그래도 춥지는 않네요

금강(金剛)
김 상 현

(사) 한국문인협회 회원
국제펜클럽 한국본부 회원
금강패널사 회장

백일홍(百日紅)
백두산 천지
상락음주변(常樂飮酒辨)
나는 영원한 현역
참회 서원 감사

백일홍(百日紅) 외4편

오늘 아름다운 꽃은 어제 잘 가꿈이요
내일도 예쁜 꽃 보려면 오늘 잘 가꾸어야
열흘 붉은 꽃 없고 십년 세도 없다 하였느니

나는 누구인가? 음양 체질 잘 알아서
조반석죽 적당운동 과유불급 중용생활
청산에 낙락장송 찬란한 무지개로 뜬다

꽃 중에 꽃 백일홍처럼
푸른 하늘에 고고한 학처럼
한백년 살고지고 금수강산 낙원에

今日美花前日培　　금일미화전일배
來日美花今日培　　내일미화금일배
花無十日權不十　　화무십일권불십
我體何質陰陽覺　　아체하질음양각
過猶不及中庸道　　과유불급중용도
青山如松百長生　　청산여송백장생
花中王花百日紅　　화중왕화백일홍
和暢蒼空孤高鶴　　화창창공고고학
錦繡江山仙男女　　금수강산선남녀

백두산 천지(白頭山 天池)

백두산 장백산 태백산 대간을 생산한
천지 창조 분화구 한반도 자궁

천지 주위 사방 십리 사십리 둘래
장군봉 백운봉 천문봉… 16봉으로 이어지고
푸른 하늘 푸른 천지 비룡폭포 유황온천
장엄한 기상은 단군자손 우리 민족의 얼

주말이면 수만 관광객이
중국 땅을 통해 관광하네
분단국토 민족에 설음 가슴 아파
남북통일 손모아 빌어 봅니다

白頭長白太白幹　　백두장백태백간
天地創造噴火宮　　천지창조분화궁
天池周圍四十里　　천지주위사십리
將軍白雲天門連　　장군백운천문련
靑天靑池飛龍瀑　　청천청지비룡폭
莊嚴氣象民族魂　　장엄기상민족혼
週末觀客數萬名　　주말관객수만명
中國通路訪問覽　　중국통로방문람
分斷民族痛心臟　　분단민족통심장
南北統一合祈願　　남북통일합기원

상락음주변(常樂飮酒辨)

한 잔 두 잔 석 잔 술은 시나브로
먹구름 걷히고 파도가 멎고
강 건너 푸른 언덕에 꽃이 만발한다

무위 자연에 무수옹 금강은
무애자재 선학되어 무지개 타고 훨훨
금수강산에 도원선자 되다

주선 태백 이르기를
"석잔 술에 도에 들고 한말 술에 자연과 하나되다
탁주는 현인 청주는 성인과 같다" 하였느니
내 이미 탁 청주를 석잔 한말을 마셨으니
성 현인을 넘어 신선 경지에 들었노라

백두산(102)에 올라 호연지기를 포흡하고
102살 인류소망 장생묘법 증득하였으니
과유불급 절주로 호호낙락 상락음주
진시황 소원 불로 장수를 대행하리라

* 常樂 飮酒仙 金剛 : 自稱, 無愁翁, 桃源仙子

나는 영원한 현역

봄 동산 진달래 청명절에 붉은데
거실에 철쭉 입춘절에 활짝
수분 온도 영양 삼합이 철없는 꽃

인간칠십 고래희는 옛날 속담
한철 30세 사철 120세가 제철수명
정년 없는 현역 활동이 관건이어라

늘 푸른 상록수처럼
사철 푸른 소나무처럼
인류소망 백장생 영원한 현역으로

콩 심은데 콩나고 팥 심은데 팥난다
금강 1937~~~백수

참회 서원 감사

懺悔　無心言行任傷心　무심언행님상심
　　　不實經營物被害　부실경영물피해
　　　爲我生命衆生殺　위아생명중생살
　　　天惠資源汚濁犯　천혜자원오탁범
誓願　三省言行任喜悅　삼성언행님희열
　　　誠實運營物普施　성실운영물보시
　　　衆生尊重儉素食　중생존중검소식
　　　治山治水自然保　치산치수자연보
感謝　健康肉身感天恩　건강육신감천은
　　　必要生財具節豐　필요생재구절풍
　　　示聽感覺光明出　시청감각광명출
　　　隨意善處幸福住　수의선처행복주

참회　무심언행 그대 마음 상했습니다
　　　부실거래 물질피해 드렸습니다
　　　내 몸 위해 중생생명 범했습니다
　　　천혜자원 오탁범행 무량합니다
서원　말과 행동 조심하여 거행하겠습니다
　　　성실운영 이타행을 실행하겠습니다
　　　모든 생명 존중하여 검식하겠습니다
　　　산과 들을 아껴쓰며 보호하겠습니다
감사　건강육신 주신 은혜 감사합니다
　　　일용생품 풍성함을 감사합니다
　　　시청감각 밝게 주심 감사합니다
　　　마음대로 좋은곳 삶 감사합니다

가을비 오는 날
되돌아가야 할 내 집
모자 동행
문경새재 가을 아리랑
잡초 우거진 가을 들녘

김 석 태

문경 마성 신현 출생.
동성초 · 문경중 · 문경종합고(현 문경공고) 졸업
대구교육대학 및 서경대(구 국제대) 법대 졸업
월간 「문예사조」 수필 및 시부문 신인상으로 등단
전 문경문인협회 회장, 전 (주)한원 대표이사
문경시민신문 발행인 및 편집인
저서 : 시집 「독백」, 「화해와 상생」
수필집 「아름다운 이별과 만남을 위하여」
칼럼집 「어느 법학도의 고뇌」
편저 역사자료집 「새재 왕건」
옥중육필명상집 「에밀 졸라이고 싶었다」 등
현재 : (사)민주화추진협의회 중앙위원
한국문인협회 및 문경문인협회 회원
도서출판 한원 대표

가을비 오는 날 외4편

즐기던 높푸른 하늘
어디로 가고
슬픈 빗줄기
바람에 흩어지네

푸르른 잎새
시절을 노니더니
어느새 비바람에
추락을 하는가

손바닥에 담겼던 세상
저만치 달아나고
다가오는 먼 산 단풍만
눈앞에 펼쳐지네.

되돌아가야 할 내 집

토끼들이 방아 찧는 달에도
쓸쓸히 낙엽은 지겠지
가을이란 단어는 없어도
어디에선가
단풍은 붉게 타오르겠지

죽음이란 단어는 없어도
같은 의미의 말은 있겠지
이제 슬퍼하지 말자
가야 할 길은 가야만 한다

넋이란 보지 못하지만
느낌으로 알고
느낌으로 느끼는 것이다
돌아갈 집은 꼭 있을 것이다.

무자 동행

9순 엄마와 6순 넘은 내가
소풍 가듯 함께 고향교회를 간다
한 발짝 앞서가는 내 모습 보고
"걸음걸이마저 지 아부지 닮았다" 한다

이젠 나도 아부지 간 길을 따라가며
"무김치 한 번 버석버석 씹어먹고 싶다"는
먼 길 떠나신 아부지 심정 실감난다
오늘따라
교회 함께 다니는 날 좋아하듯
울 엄마가 무지무지 사랑하는
교회 함께 가던 울 아부지가 무척 그립다

차임벨 은은히 울리며
높푸른 하늘은 가슴 펴고 팔을 벌린다
길가 코스모스, 벙긋 웃고
길 가던 강아지, 꼬리 흔들며 반긴다.

문경새재 가을 아리랑

진상할 박달나무 베러 왔던
조선 남정네의 그리움,
붉게 타오르는 가을 단풍

문경새재 아리랑을 부르던
조선 여인들의 한,
짙푸르게 높은 가을 하늘

문경새재 아리랑을 들으며
고문 받는 이 가을,
귀뚤 울음 삭이는 바람이어라.

잡초 우거진 가을 들녘

고향교회서 예배를 마치고
물결 치는 황금빛 가을 들판에 섰네.
높푸른 가을 하늘 아래
눈길이 맨 먼저 가는 곳
간간이 들꽃 피는 국도변 언덕이었네.

들국화, 개망초, 강아지풀…
이미 말라 비틀어진 이름 없는 들풀
겨울이면 죽어가야 할 잡초들
서로 어깨 부대끼며 더불어 살아가는
아름다운 천국 언덕이었네.

생각키엔 싹뚝 베어져야 할
쓸모 없는 국도변 잡초들이건만,
산들바람, 따사로운 가을 햇살에
찬송과 기도 소리 은은히 들리는 듯
오늘따라 모두 다 천국 백성다웠네.

묵시(默視)

하늘

가을 단상(斷想)

해송(海松)

퇴계(退溪)의 매화

말레이시아의 연꽃

소석(素石)
박찬구

경북 영양 출생
서울사대 국어과 졸업, 건국대 행정대학원 석사
덕수중 · 언주중 · 대영고 · 양재고 교장 역임
성동교육청 교육장, 교육부 학교정책실장, 서울시 교육위원 역임
국민훈장 동백장 수상
계간 「시조생활」를 통해 등단
신인문학상, 시천시조문학상, 난대시조공로상 수상
저서 : 시조집 「귀거래사」
현재 : 한국문인협회 · 국제펜클럽한국본부 · 한국시조시인협회 회원
전민족시조생활화운동본부 회장,
한국중등교장평생동지회 회장 역임
전통문화협의회 회장(현)

E-mail : cgpark3741@gmail.com

묵시(默視) 외5편

들머리 휘휘 돌아
찾아든 고샅길에

뽀얀 햇살 먹음은
사금파리 두어 조각

아련히
하늘 문 여는
비색(秘色)이고 싶구나.

하늘

가르마 논길 따라 목매기 우는 마을
봉숭아 속살 터진 햇살 고운 뜨락에
여미어
돌아설 곳 없는
이내 푸른 하늘아

그리움은 비름처럼 지천으로 깔렸는데
기다리다 망부석된 애틋한 사연들도
둥둥둥
북소리 따라
뒤켠으로 내려앉네

아스팔트 열기 속에 바라본 고향 하늘
꿈 없이도 행복해질 오솔길은 어드맨가
몸과 맘
허공에 떠서
그 이름을 불러본다.

가을 단상(斷想)

눈록(嫩綠)일 때 나무들은
천하를 꿈꾸더니

질펀히 흘러 넘친
선홍빛 세월의 즙

이윽고
노을 더불어
단풍이 불탄다.

해송(海松)

양수(羊水)인 양 출렁이는 쪽빛 바다 굽어보며
결 고운 바람이 괴고 앉은 송대(松臺) 끝
인고(忍苦)의
업보(業報)를 지고
말이 없는 저 기품

홍건히 핏물 번진 치맛자락 펼쳐놓고
햇덩이 건져 올린 수평선 사타구니
해송은
빙그레 웃으며
수화(手話)로 보듬는다

한 소절 물새 소리 후렴으로 남았는데
청운의 꿈 키워 보던 등 굽은 늙은 해송
오늘은
새 솔 어루만지며
희망을 가꾼다.

퇴계(退溪)의 매화

전생(前生)이 달이어도
매화 넋을 못 잊어

굽은 등걸 가지 끝에
송이송이 피었구나

정인(情人)을
그리는 마음
암향(暗香)으로 풍긴다.

말레이시아의 연꽃
—팜 스프링 구장에서

이국의 녹색 장원
언저리 연못 속에

사뿐히 내려앉은
백학의 매무새여

나 그냥
하얀 공 되어
뛰어들고 싶구나

진흙에 우뚝 서서
조촐할 사 그 모습

흰 구름 날갯짓에
향기를 떨치나니

떨리는
내 심장 소리
침묵이고 싶구나.

덕향 배윤희

월간 「한울文學」 시부문 신인상 등단
(사) 문화예술교류진흥회 회원
(사) 문화예술유권자총연합회 회원
(사) 한국한울문인협회 회원
한내문학 2011년 문학상 본상 수상
한국문인협회 회원, 월간문학 2011년 6월호 시 수록
한국명시선 발간위원회 100인의 시선집에 시 수록
한국시 대사전 시 수록
저서 : 공저시집 「징검다리〉, 「하늘빛 풍경」, 「내 가슴에 너를 부를 때」 외 다수
동인지 「성주산 울림」(1,2,3,4,5호) 수록
현재 : 한내문학 이사, 편집국장

유혹 · 1 외4편

님이시여! 내가 뭐라 했습니까

저 달은 항상 나를
따라다닌다 하지 않았습니까

세월의 무게에 눌려 난 이렇게 늙는데
저놈의 달은
늙지도 않나 봅니다

들숨 속으로 들어온 달이
무엇인가 오가며
잘박잘박 담금질하더니

어느샌가 또
졸졸 따라다닙니다

님이시여! 저 달을 어찌하오리까

그래서
미치도록 밝은 달빛 아래
애먼 하늘만
올려다봅니다

짝사랑

가을이 주는 그리움은

여름내 뜨겁게 달궜던 심장을

사르르 눈 녹듯 녹이고

영글지 못한 내 가슴에

또 다른 고독만 남긴 채

바람에 헹군 듯 사라진다

오늘 해가 저물었다고

해야 할 일이 끝난 것은 아니다

그대 향한 나의 짝사랑은

내일도 계속될 테니…

꽃바람

바람이라고 다 바람인가

돌개바람, 산들바람
많고 많은 바람 중에

꽃바람이 네게 안긴다

도대체 어디서 불어오는 바람인가…

보채지 않아도 봄은 오고
꽃은 핀다

그리고 바람도 인다.

향초

얼마 만에 마주 앉는 자리입니까

짙은 사무침이
이내 눈물이 되어 떨어지는
촛농은
그동안 당신을 기다렸던
나의 그리움이요

겁 없이 위로만 올라가는
불빛은
지금도 당신을 향한
나의 열정이요

은은하게 퍼져 나가는
향기는
영원히 당신을 기억할
나의 사랑이며

문틈으로 들어오는
바람에도
꿋꿋이 지키고 있는
그 향초는

내 마음의 전부입니다…

별들의 속삭임

떨리므로 다가온 다디단 그대의 첫 입맞춤은
내 가슴에 파도로, 꽃으로 물들어
세월이 지난 지금도 내 안에서 놓지 못하는 마음 하나
끌려가는 삶 속에 작은 흔들림이 일 때는
따뜻한 당신의 입김이 그리워 머나먼 길을 찾지만
두둥실 흘러가는 뭉게구름 속에
잡힐 듯 잡히지 않는 그리움만 걸렸더이다
나는 그때 보았습니다…
건반을 두드리는 리듬처럼 땅 위에서 일어나는
별들의 사랑과 별들의 하모니를.

서우회: 서영범

고향 가는 길
꿈꾸는 내 고향
서씨의 고향
발전하는 문화
천한 곳에 피는 향

충북 옥천 출생
국민대학 졸업
법무부 · 신아일보 근무, 문화방송, 경향신문서 정년퇴직
「서울문학생활」 시 등단
「시인정신」 시 등단(신인상 수상)
월간 「한국시」 시 등단(신인상 수상)
「문예춘추」 제2회 헤르만헤세 한국시조 시문학상 최우수상 수상
저서 : 「고향으로 가는 마음」, 「내 고향에 사랑을 느낄 때」,
「다듬어지지 않은 시」, 「추억을 더듬으며 마음으로 읽는 시」
현재 : 한국문인협회 · 시인정신 작가회 · 한국농민문협 ·
한국문예춘추 · 한국공간시인협회 · 한국펜클럽 회원

고향 가는 길 외4편

산을 넘고 강을 건너 육로 육십리
어머니 작별하고 뒤돌아보고

서운한 마음 무거운 발길
꼬부랑길 돌고 돌아 또 돌아보고

산을 끼고 돌아가는 고향 가는 길
물을 안고 강 벼랑길 돌고 돌아서

육십리 뒤안길을 더듬는 고향집
올 때 갈 때 생각나는 사촌누님 둘

강 건너 버들개 옛날 그 옛집
못 사는 누님 정이 더욱 그립다

꿈꾸는 내 고향

뒷산에는 함박꽃 찔래꽃이
향기를 돋구고
앞밭에는 상추 잎 마늘 잎이
촉 트는 내 고향
사립문을 나서면 구룡밭
대추나무 볼 붉은 곳

감 밤 호두 그늘 아래 복숭아 능금
숲속 사이로 숨박꼭질하던 어린 시절
호박 넝쿨이 담장을 덮고
맨드라미 봉선화꽃이
뒤뜰 장독대를 장식하던 곳

구릿빛 어머니의 삼베적삼
젖은 옷 흙내 나는 문전옥답(門前沃畓)
등 굽은 어머니 거치른 손에 목화밭 잡풀이
녹아나고 사래 긴 밭고랑이 화사하다

서씨의 고향

꿈에 그린 내 고향
떠나온 고향은 잊을 수 없는 고향
포근하고 풍성한 잊을 수 없는 마음의 고향
어머니 품속 같은 나의 고향
집안 싸움에 가족끼리는
지난 일을 따지지 않는다
못된 것은 묻어 두고
시린 마음은 날려 보내고
좋은 날 모임에 초치는 놈은
시간이 가면 새 사람 되고
아버지의 그 아버지 대대가
터주로 살며 새로운 역사를 창조했지
개미 동날 선산 땅 동구밖 정자 좋은 곳
마리뜰 문전옥답 귀골능선에 산지기 두고
역사가 초롱초롱 양씨 가문에 자문하라
보은진미 시피땅에 도지 받은 역사가
아련히 뭉개진다 금초답 시사답은
역사머리로 남겨 두고 흐르는 세월에
무능한 자손들아 알고도 모르는 척
좋은 얼굴에 침 뱉지 말자고
제 사촌끼리 법정싸움 웬말이냐?
시사답도 꿀꺽하고 족보도 슬쩍하고

누가 말 하겠나 모르는 척 좋지 않겠나
밑 가고 사는 것도 미덕이 아니겠나
대가리 싸움은 끼리끼리
칠조 형제 자손들은 만나면 세전지물
종산 종토 이야기 아는 놈 알고 모르는 놈
몰라라 알고도 모르는 척 무능한 척 덮고 가자
제살 깎는지 모르고 공문서 변조 동 행사 형법
제000조 권력소모 파벌조성은 너희들끼리
언제부턴가 못된 습성 집안 잘되는 것 시기한다

발전하는 문화

서울에는 국제 바람이 불고
넓적다리 춤추는 연풍이 불어오면
무대 위에는 국제적 광란이 시작되고

머리 팽이 돌아가는 사지춤 어지러이
수도권 고층 아파트에 일렁이는 황혼에
지는 별도 아물거리는 문화의 거리로 쏟아지고

아이디어 짜고 짜는 산만한 세금 갹출도
정치판에 머리 굴리는 1004의 힘도
국민은 혈세로 찌푸린 세상을
최고의 미화 작업으로 미풍에 홍보한다

천한 곳에 피는 향

관리인의 손길은 쓰레기통에 향기
짬밥통에 청결은 富를 잉태하고
돼지는 사람의 손길에서 크고
걱정 근심은 한가한 여유시간에 자란다

개미처럼 일하는 곳에는
행복이 있고 평화가 있고
바쁜 사람은 근심할 틈이 없다
흐르는 세월에 잡념이 섞여 가고

이웃 돕는 인간미는 웃음꽃 피는 대화의 진리
목에 기브스한 교만은 씽-씽 부는 찬바람
속 찬 사람은 익은 곡식 고개 숙인 황홀 가을

설익은 곡식 하늘을 찌르는 창칼
성숙한 관리인은 터득한 인생길에서
거치적거리는 잡놈을 쾌념치 않는다

고독 속으로
쪽배에 실린 편지
바람의 노래
눈
꿈이었나

신 승 환

전북 군산 출생
원광대학교 전기공학과 졸업
(주)한국중부발전((전)한국전력) 보령화력본부 재
(사)한내문학 시 신인상 수상, 한내문학 사무 역임
13인 동인문집「성주산 울림」3,5호 수록
「한국시 대사전」시 수록
현재 : 한내문학 회원
(사)한국문인협회 회원

E-mail : top-of-gun@hanmail.net

고독 속으로 외4편

어둠에 등 밀리어
방문 열면
식탁 저편 고독은 미동도 않고
냉기어린 어둠만이 나를 반긴다

밝은 게 싫어
마음의 촛불 켜고 식탁으로 가
뽀오얀 먼지 위에 남겨진 나의 발자국을 보다

커피 한 잔을 저녁으로 먹고
텅 빈 침대에 날 던지면
몰려드는 피로로 사르르 눈 감기고
영혼은 몸 속에서 빠져나와
꽃처럼 하늘로 피어오를 때

꿈꾸듯 생각한다
아침에 눈을 뜨지 않으면
오늘이 내 인생 마지막 날이란 걸

쪽배에 실린 편지

별도 없는 밤인데
하늘에 하얀 쪽배 걸려
미풍 따라 움직이며
님에게 간다기에
마음의 편지 실어 보내네

하늘은 넓으니
바람만 조금 바뀌어도
갈 곳 모르지만
내 마음은 이리 기쁜 것은

돌아 돌아
님에게 실려 가는 마음의 편지

바람의 노래

이름 없이
세상을 떠도는 것도
슬프지 아니 하구나

무명의 골짜기에서
잠시 머물다 떠나도
슬프지 아니 하구나

나뭇가지에 찢기며
소리내다 사라지는 것도
슬프지 아니 하구나

눈

천사 날개 달고
소리 없이 날면서

나무에 앉으니
매화로 피어나고

가슴 아픔
언 땅에 솜이불 되었네

아침에 태양을 보다가
소리도 내지 않고
눈물 흘리며 스미는구나

꿈이었나

벚꽃 향이 우리를 감싸는 산하에서
무릎 베개 삼아
새들과 하늘을 노래했노라
해가 산마루에 다다를 때까지

하늘 안아 파랗고
녹음 드리워 진록 배어 있는 산정호수를
나신으로 원앙들과 회유하며
밀어들을 나누었노라
밤이 깊도록

노루와 함께 노닐며
다래랑 머루랑 먹다
옷깃에 스미는 가을 바람에
모닥불 피워 놓고
서로 기대어 앉아 있다
서로를 느꼈노라
새벽이 올 때까지

햇빛에 반짝이는
순백의 눈부신 설원은
우리를 맞는 처녀설

우리는 겨울의 주인이었고
우리의 조용한 사랑 노래에
산은 크게 메아리를 울려 주었노라
겨울이 다 가도록

아~
이 모든 것이 꿈이었나

신 현 숙

보령시 민족통일여성협의회 회장 역임
평화대사 사무차장, 시민경찰감사, 사회복지 6기 회장
공주대 산업대 17기 부회장
계간 「한내문학」 시 등단(신인상 수상)
동인지 「성주산 울림」(3,4,5호) 수록
「한국시 대사전」 시 수록
현재 : 한국문인협회 회원, (사) 한내문학 부회장

E-mail : bx3502@hanmail.net

자리 외4편

세월과 더불어
주고 받고 부딪히며

모난 곳 다져온 박힌 돌
힘에 밀려 빼어나간 자리

굴러온 돌이 채워보려니
구르다 구르다 박힌 돌마저
힘을 내는구나

둥굴둥굴 살다 보면
머문 곳이 나의 자리
편안한 자리

하늘과 땅

새야 새야
너는 날개가 있어
훨훨 날으니 좋더냐

나는 다리가 있어
걸어다니니 좋더라

너는 하늘을 날고
나는 땅을 걸으니
너와 나는 하늘과 땅이니라

내 탓

누구를 원망하랴
무엇을 탓하랴
내가 있기에 생긴 것을

나는 누구인가
무엇을 하고 있는가

세상이 있기에 내가 있고
내가 있기에 일들이 있으니
이 모두가 내 탓인 것을…

낙엽

풍성했던 그 시절
화려했던 그 순간
시간 속에 묻어 버리고

빛바랜 낙엽은
이리 저리 뒹굴다
흔적마저 지워 버리네

눈길 손길 받으며
씩씩하게 자랐건만
기울어 가는 세월에 못이겨
가야만 하는 낙엽인 것을

비 오는 날

주루룩 주루룩
비 오는 날이면
가슴속엔 추억이 내리네

눈을 뜨면 저 멀리서
눈을 감으면 곁으로 다가와
이 마음 흠뻑 적시우고

조용히 내리는 빗줄기
그리움 매달려 오르락 내리락
그때 그 시절 아른거리네

오 현 정

독도 술패랭이
남산의 봄
세종대왕
돌각(石刻)
봄 온다

포항 출생
숙명여대 불문과 졸업
「현대문학」 초회 추천 완료
영랑문학상 · 월간문학동리상 · 들소리문학대상 ·
중국장백상문학상 등 수상
기독교예술신학대, 숙명여대취업경력개발센터 강사 역임.
한국문협 감사 역임
저서 : 시집 「보이지 않는 것들을 위하여」,
「마음의 茶 한 잔 · 기타 詩」,
「물이 되어, 불이 되어」, 「봄온다」, 「에스더 편지」 등
현재 : 국제펜클럽 한국본부 이사, 한국여성문학인회 이사,
한국시협 상임위원, 순수문학 기행문학 편집위원

E-mail : every424@hanmail.net

독도 술패랭이 외4편

고래섬 물 쏘더니,
울릉 내놔라,
허기를 채울래
물길 속 해삼 찾아 죽도(竹刀) 휘둘러
뿌리째 패였다
아무리 건지려도 슴새 기다린
신라 적부터 조선의 울릉군
내 난 땅 펼쳐보인 가슴이다,
멍울한이다,
동녘끝 막내섬
들꽃 돋는

조선국 지리도.

남산의 봄

연두 눈빛 싹 소월로와 어깨 걸고
봄 나무에 정겨운 희망이 맺힌다
망울 터지려는 살굿빛 꽃술
외로이 떠도는 얼에 다사로운 보금자리 펼친다
햇살 먹은 산이 시름겨운 이들의 어둠을 녹여
한파람 결에 곡조를 켠다
제 겨울 춥다고 오는 계절 막지 않는 등성마리
청풍명월 드나드는 기풍 한 획에
먼 사람도 봄 편지 물고 웃는다

세종내왕

헤아리는 게 사랑하는 거다
양심을 쓰며 사는 게 사람인 거다
진실을 쓸 수 없고
고통을 쓸 수 없고
천지분간을 못하는 민생을 위해
스물넉 자에 세상의 소리를 담는다

울음소리와 웃음소리에 선율을 타
음양의 기둥을 세워
숙맥의 산을 넘어
마침내 해를 보게

민족의 혼을 담고
너와 나를 담아 쓰고 펼 수 있는
참마음을 세계에 펴 보이게
몸 괴로우나 살아있는 내 정신
으뜸인 생명이 대를 이어가라 하네

돌각(石刻)

남의 살을 파서 제 이름 새겼네
산등성 오르는 길목마다
눈길 끄는 바위마다
감춘 칼로 쑤시고 후벼 팠네

사람이라며, 가장 아름다운 척하더니
피 한 방울 보여주지 않고
싱싱한 목숨줄 잘라
흔적 없이 갈아 대었나
대단하고픈 제 몸짓 밀어 넣었네

억만년 하늘 이고 누리려나
징과 끌도 모자라 쇠망치로 박은 그 이름 그 몸짓
풀이 부끄러워 바람 따라 고개 돌리네
앞산이 호통치자
뒷산이 메아리로 쩍쩍 갈라지네
멀지 않은 산정(山頂)에

봄 온나

민낯에
애말무지
앙살부린다,
내 살갗의 보늬.

벗는다,
애면글면
나날살이로
동동 촉촉 가던.

메아리
몰고 온다,
갈매빛 멧새
싱그럽다, 올찬.

남촌(南村)
윤 용 흠

동래상업고 교장 등 교직 40년
「한국시」 등단
한국문인협회 회원
노산문학상 수상(2008)
저서 : 시집 「흰구름 산마루에 흐르고」 등 2권
수필집 「남촌의 달빛 서정」 등 2권

난초 외4편

먼 데 임 그리는
애틋한 발돋움

오직 청청(靑靑)히 잎줄 뻗치려
꽃송이 무지갯빛 향기 뿜으려

밀폐된 분속 숨은 가빠도
얽설킨 뿌리 피는 말라도

왕소군(王昭君)의 애닯은 향수와
선덕여왕의 그윽한 미소를
몸새겨 꽃피운 오롯한 생명

먼 그날 바라보는
지긋한 발돋움.

낙화

처음이자 마지막인
단 한번의 미소를 위하여

지층 깊숙이 뿌리 뻗치고
잎새 가득가득 햇빛 담아서
꽃잎 하나하나 펼쳤습니다

낙화,
여릿여릿 오롯한 몸짓
하늘도 숨결 멈추고 보셨습니다.

사랑의 기쁨

사랑의 기쁨은
마르티니*의 실연의 아픔을
나나 무스쿠리*의 절절한 음성으로
울부짖는 슬픔이다

사랑은 최대와 최소를 아우르는
절체절명의 힘이요 미의 극치이지만
십자가를 메지 않고는
결코 다다를 수 없는 정상(頂上)

사랑의 기쁨은
왜, 언제나 슬픔으로만
오열하게 되는가

슬픔 속에 피어나는 기쁨
사랑의 역설, 사랑의 신비는
안개 속에 일렁이는 영원한 등불.

*마르티니 : 18세기 이탈리아 태생의 작곡가. 〈사랑의 기쁨〉 작곡함.
*나나 무스쿠리 : 〈사랑의 기쁨〉을 노래한 세계적 여가수.

눈길(雪路)
—눈보라 상념

천국의 백화성(百花城)
무너져 흩날리는 분방(奔放)스런 향연

때잃은 나비들의 광막한 군무(群舞)
그 요란한 운율이여
억겁의 비상이여

눈들의 속삭임은
천녀(天女)들의 한숨인가
흐르는 세월의 쌓이는 자취인가
옷깃 살며시 스며드는
삶의 애수

눈은 새하얀 야성(野性)이며
사람 내음 모르는 순정한 수성(水性)인데
나는 숙연히 머리 숙여
한 걸음 또 한 걸음 신전(神殿)에로 다가서는 경외(敬畏)의 발길을 옮기고 있었다.

바람

산뜻한 향기 금목서 잎새들
스쳐가는 저 바람

남산 모롱이 고이 감돌아
쉬어가는 메아리에 잠들레라

자취도 흔적도 없이
쌓이고 쌓이는 만고의 세월
생멸(生滅) 오가는 억겁의 인연

－바람, 바람, 바람－.

이 금 자

귀뚜라미 연가
이방인의 노래
우정 사랑 그리고 행복
수요시 동인들
반딧불이

「조선문학」 등단
한국문인협회 회원
뉴잉글랜드문인협회 회원
수요시 동인
중앙일보 〈한국을 움직이는 인물들〉 수록
저서 : 「장미 오월의 하루」, 「어느 봄날의 축제」

귀뚜라미 연가 외4편

잠이 오지 않을 때는
창문을 열고
두 귀를 풀밭에 풀어 놓는다

검은 천막 속에서
고삐 풀린 망아지처럼
어둠을 갈갈이 찢어 놓고
밤마다 고성방가로
마을을 발칵 뒤집어 놓는 아우성

놀란 가슴으로
집집마다 등불을 켠다
희뿌옇게 다가오는 새벽

아직도 끝나지 않은 통곡 소리
애절한 사랑의 가슴앓이는
가을이 가기 전에
무서리 내리기 전에
청사초롱 등 밝힐 수 있을까

촉촉이 내리는 새벽비를 맞으며
기약없는 연인을 향하여
슬프디 슬픈 목소리로
사랑의 세레나데를 부르고 있다

이방인의 노래

사람과 사람끼리
비벼대며 살다가
고향 떠난 낯선 곳에
날개 접은 새 되었다

할 일 많던 손과 발은 언제나 공휴일
발은 아직도 건강한데
찾아갈 곳 하나 없고
정담 나눌 사람 없어
하나 남은 입마저 침묵중이다

텅 빈 가슴속엔 찬바람 일고
사공 없는 조각배는
망망대해를
하염없이 흘러만 간다

쓸쓸한 저녁
삼십여분 산책길에
만난 사람 겨우 세 명
반가워 손 흔들었더니
오랜 세월 몸에 밴 인사 Hi…?

그림자 길게 늘이고
스쳐가는 사람들 뒷모습에도
나는 왜 가슴이 먹먹해질까
내일이면 동쪽에서 해가 뜰텐데

우정 사랑 그리고 행복

가만가만 다가와
사알짝 문 열었더니
와르르 달려와 반겨줄 줄 알았는데
오랜만에 돌아왔다고
못본 척 토라져 있는
살결 고운 먼지들

방마다 불을 켜고
옷소매 걷어 붙이고
쓸고 닦고 하는데도
눈길 한번 주지 않는
남의 집 같은 우리집 가구들

환히 밝힌 불빛 보고
몰려온 이웃 아주머니들
반가워 얼싸안고
토닥이는 두터운 우정 그리고 사랑이어라

이십킬로 그램의 상자에
고구마 가득 담아 이고 오신 아주머니
갖가지 김치에 나물에 풋고추에 호박에
간 마늘이며 갓 빚은 만두에

고추장 한 통까지
빈 냉장고 채워 주신
내 고향 경기도의 푸짐한 인심을
아시나요? 여러분!!

수요시 동인들

죽어라 공부해서 학점을 따고
캠퍼스에 모여 앉아
같은 꿈을 꾸면서
영글어 온 수요시 동인들

송별회 날
떠나는 아쉬움에
낭송해 준 옛 시조가
자꾸만 가슴을 후벼팝니다

늙으면 다 고향으로 돌아간다는데
나는 글쟁이 이십여년 만에
이름 석 자 겨우 남겨 놓고
코쟁이 나라에
어설픈 둥지를 틀었습니다

뉴잉글랜드
이동 인구까지 삼만여 명
피로 쓴 내 글 읽는 이 얼마나 될까요

먼 훗날 아니 1년 후 어쩌면 내일
내가 그대들이 보고 싶을 땐

창포에 머리 감고
파란 옷 한 벌 지어 입고
꿈결인 듯 날아서 가겠습니다

반딧불이

칠흑 같은 밤
장승처럼 버티고 선
숲속의 검은 나무들
어둠의 골짜구니 어디선가
아련히 들려오는
잊지 못할 그 목소리

"금자야 금자야
무쇠 가위로 잘라 놓은
깡통머리 금자야"

울며불며 큰아버지 등에 업혀
교실에 내려서니
와르르 쏟아지는 웃음바다
앞짱구 뒤짱구 별명 하나 붙었다

앵토라져 고향 떠난 지 언제인데
그 비밀 누설하는 이 누구일까

보일 듯 말 듯 멈추는가 했더니
저마다 호롱불 들고 나와
나를 얼싸안는다

무송(茂松)
이 민 규

선택의 기로
민둥산 억새꽃
이름을 불러주는 사회
고운 자태 뽐내는 연(蓮)꽃
물의 날

문학춘추작가회 시조분과 위원장
호남시조문학회 이사
전남문인협회 · 광주문인협회 회원
한국문인협회 · 한국시조시인협회 회원
문학춘추 시조신인상 · 호남시조문학회 시조문예상 ·
장성문학상 수상
포장령 제4조에 의한 면려 포장
국민훈장 동백장 수상

선택의 기로 외4편

마지막 가는 배를 놓치지 않기 위해
꾸러미 이고 들고 줄을 선 선객들이
섬 가는 철선 앞에서 떠나기를 기다려

저만치 지켜서서 표 살까 망설이다
그 순간 기적 소리 뱃머리 돌리는데
망설임 하는 순간에도 이미 때는 스쳐가

우리는 크든작든 미미한 시간에도
선택의 기로에서 망설이는 시간 많아
놓친 것 너무 많아서 후회한들 갈등만

민둥산 억새꽃

푸른 숲 사이사이 등산로 중간 정도
여느 산 다름없고 정상은 경사 완만
사람 키 물결치는 억새밭 눈앞에서 손짓해

정선의 민둥산은 정상에 억새 덮여
석회암 침식으로 특이한 지형 형성
모양새 움푹 꺼져서 사람 눈길 끌어와

주변의 산세들은 그대로 원색 물결
시원한 가을 바람 억새꽃 흩날리고
물들인 능선을 따라 알록달록 볼만해

이름을 불러주는 사회

따뜻한 호칭으로 마음이 녹아내려
얼었던 마음 문이 스르르 열리어져
원수로 싸우던 사람도 감동하여 합의해

참으로 많은 호칭 민감한 역할 맡아
회장님 대표에서 사장님 인연 따라
자신의 이름은 어디 가고 사회 호칭 불리어

사람마다 갖고 있는 이름을 재워 두고
자신의 신분호칭 불러주기 좋아한다
이름을 불러주는 삶 아름다운 사회로

고운 자태 뽐내는 연(蓮)꽃

요즈음 연못에는 연꽃이 고운 자태
진흙 속 가운데서 화사한 꽃을 피워
세상을 밝게 하는 지혜 상징하는 꽃으로

연꽃을 피운 연유 부처의 탄생 알려
만다라 불려지는 아무래도 불가(佛家)의 꽃
석가가 마음 전한 세 곳 염화미소 선(禪)기원

천연호 드문데도 곳곳에 못을 파서
연꽃을 심어 놓고 일컬어 연못이라
깊었던 연꽃 사랑이 어지간함 알만해

물의 날

소중함 일깨우기 알리기 위한 날로
유엔이 마련한 날 세계의 물의 날
올해도 생명을 위한 물 주제로 한 행사가

꼭지를 틀었을 때 소리만 날 뿐이고
수돗물 안 나올 때 불편함 상상해 봐
우리의 일상생활에서 잊고 사는 소중함

지구촌 3분의 1 물 부족 시달리니
우리도 부족현상 강 건너 불 아니다
물전쟁 단순 경고로 그치지만 않도록

임 창 택

참숯
들국화 연서
가을을 위한 소야곡
중심
자화상

경남 마산 출생
창원대학교 졸업
SH, SBL 대표이사 겸 회장 역임
현재 : (주)건양, 건양개발(주),
(유)오크벨리 상무이사
(사) 한내문학 회원

참숯 외4편

스스로의 청춘을 태우기도 전에
누가 나를 태워 숯검정이 되었네

타다 말은 까만 청춘이여!
외면 받은 새까만 심장이여!

쟁이가 나를 태울 때
청춘의 껍데기는
서럽디 붉게 울었고

울다 지쳐 흐느끼는 딸꾹질 위로
더럽혀질 새 옷은 몸뚱이를 가두고
이고 사는 하늘도 바꾸었네

지기가 풀무질로 다시 나를 흔드니
나는 질퍽하게 고소한 입담 아래서
이글대며 불붙은 심장으로
타다가 미련 남은 속심까지 태워
마침내 동안의 콧김으로도 흐트러져 날리는
청춘의 밑거름으로 다시 살았네

들국화 연서

청초 두르고
가녀린 허리 위로 품은 작은 사랑
가을 빛 억수 같은 은혜로
수채화 캔버스에 망울져 채색되고

별밤 퍼붓는 이슬로
연홍 입술 촉촉이 적셔
하늘 그리며 피어난 그리운 사랑아

군자의 여인 그대에게
작년에 다녀간 무당각시 편에 고이 접어
공곡유국(空谷幽菊)으로 띄웁니다

가을을 위한 소야곡

저편 귀뚜라미
여름의 종식을 타전해 오고
병사는 매미 소리 가득한 서랍을 닫으며
계절의 삼팔선은 그어졌다

물들인 잎새로 부는
바람은 가을을 날리고
뒹구는 낙엽은
나그네의 구두창에 부딛쳐
바스락 천둥치며 비를 부른다

깊어가는 낭만은 어느새 가슴에서 죽고
이 비 그치면
척박한 가슴 끌어안은
헐벗은 풍경의 가을은 가고

다시 삼팔선 그어져도
나그네는 외로운 설경(雪景)을 노래하겠지

중심

가녀리게 굵고 여리듯 강한
부드러운 동아줄에 배꼽에 매달고

삼라만상(森羅萬象)의 형상도 입고
오욕칠정(五慾七情)의 밭도 받은

작은 우주 유영하며
꿈틀대는 내 세상의 중심은
당신이었습니다.

자화상

손바닥 들어 눈을 가리니
하늘이 가립니다.

다시 손을 들어 하늘을 가리니
손바닥만큼만 하늘이 허락합니다.

가린 내 눈은
보고 싶지 않아 보지 않았고
가린 하늘은
보여 주고 싶지 않아도 아니 볼 수 없는
부끄러운 내 자화상

옥련암(玉蓮庵)
당신 세계 · 3
눈물꽃
농심 · 2
한내로 모이면서

병철 최 양 희

월간 「문예사조」 시 · 소설 · 평론 등단(신인상 수상)
동인시집 「성주산울림」 제5호 동인, 발행인.
꿈나무들 제5회 편집, 발행인.
한국명시, 103인 명시선, 문예사조 시선집 5 · 6회 동인.
현대 한국인물사, 한국을 빛낸 사람들, 대한민국인물사
인물편에 수록
초등생 백일장개최 대천신협(제4회) 보령화력(제5회) 발행 심사위원장
문예사조 제15회 문학상 본상 · 한국민족문학 우수상 · 괴테상 ·
세계시문학 우수상 · 한국자유시인협회 문학상 본상 수상
문예사조 · 문예춘추 · 국제펜클럽 회원, 한국시 대사전 편집위원.
한국문협 제25대 한국문학사 편찬위원, 명예문학박사
「한내문학」 2006~ 2012년 회장, 이사장. 발행인
저서 : 처녀시집 「최양희의 사모곡」, 제2시집 「당신의 세계」
단편소설 「지관과 명당」, 「황팔도」, 「지옥과 천당」, 「태조암」 외
평론, 서평, 심사평 다수

옥련암(玉蓮庵) 외4편

당신 떠난 빈 자리
산바람도 고요한
텅 빈 암자에
주인 잃은 흔적들

끔찍이도 위하시던
영험한 부처님
백팔 배를 올리던
구슬픈 모습

인적 소리 향내마저
멈춰진 경내
회한 서린 눈물이
고여 있는 듯

당신의 체취
구석구석 묻어나는데
그리운 당신 모습
어디에도 없습니다

—옥련암에서

당신 세계 · 3

아무도 알 수 없는
고요한 리듬 타고
터져 있는 길을 걸어갑니다

오로지 한 생각
주변 보지도 않고
하늘만 보고 따라갑니다

서서히 좁혀진
아슬아슬한 길목
그때 당신을 보았습니다

상상을 초월한 기쁨
확– 들어오는 당신 세계
너무 밝고 아름다웠습니다

눈물꽃

아름답고 가녀린
그 눈물꽃
보기조차도 아까워

밤이슬 맞고도
그 고운 향기
티 없이 밝은 모습

날 밝으면
사라질까 두려워
내 속에 감춰 주고 싶다

농심 · 2
—1975년도, 큰 가뭄에서

물 없어 때 놓친
조급해지는 농심들

서러움 참고 견뎌 낸
한(恨) 서린 못자리

힘이 없는 몸매에
누렇게 뜬 얼굴들

갈라진 천수답에
소낙비 쏟아지니

흙탕물 논에서
흐적 흐적 웃고 있네

한내로 모이면서

나무가 잘 크는 산이 있고
풀 한 포기 살 수 없는 곳도 있으며
철새들이 모이는 섬들이 있고
그 무엇도 살 수 없는 땅도 있습니다

행복을 꿈꾸는 소녀가 있고
삶을 포기한 아저씨가 있듯이
이 모두가 세상 사는 우리 이야기
사랑이 열리는 영혼들도 있습니다

인생의 진정한 목표와 의미는
부끄럽지 않은 자산을 남기는 것
숲이 어우러진 신선한 계곡에서
맑은 샘물을 흘려보내는 일입니다

마시고 마셔도 마르지 않는
풍부한 약수를 생산하고 있는
그러한 님들은 한내로 모이면서
새로운 인생 가치를 보여 줬습니다

꽃 한 송이

가을 나그네

당신

오십의 여인

통일이여

무영(無影)

홍성수

「문예사조」 시부문 신인상 등단
「문예사조」 문학상 · 한내문학상 수상
한국문인협회 · 문예사조문인협회 회원,
한내문학 이사, 한내문학문인협회 작가회장
저서 : 시집 「나도 한번 소리 내어 울고 싶다」,
「천일의 숨소리」
동인지 「성주산 울림」(1~5호)
수록시집 「한국시 대사전」에 수록
「한국명시발간위원회 103인 시선집」〈석양에 걸린 바다〉 외 다수
「문예사조」 사화집 「숲속에 일렁이는 바람」 외 다수
「문예부흥 운동지」 문예사랑 : 제18호 수록
문예운동 : 우리들의 좋은시
국가상훈편찬위원회 : 현대사의 주역들 수록
고속도로40년 「고객과 함께한 영업소 이야기」 수기 수록
「문예사조」 3년 연속 연재시(37회) 연재

E-mail : doden2081@hanmail.net

꽃 한 송이 외4편

그대는 오늘 가슴에 무슨 꽃을 피웠는가

아니 지금까지 살면서
스스로 한 송이 꽃을 피워본 적이 있는가

그윽한 향기로 전해지는
천상의 꽃은 아니더라도
보기만 하여도 마음이 환한 장미는 아니더라도

그대 가슴에 고이 간직하고
살풋 미소 짓는 꽃 한 송이
그대 가슴에 피웠는가
오늘…

가을 나그네

저물녘 가을날
고운 옷을 입은 낙엽은
서산의 햇살을 받아
시리도록 빛을 발하고

아미산 산신
울밑 샛강에 단풍주
동동 띠워 놓고
풍류를 즐기자 하니

기울어 서룬 마음은
서산 햇살에 맡겨 두고
이 고운 날에 행복을
마음껏 노래하리라

당신

따사로운 햇살
언제나 그러려니 하고
고마움을 알지 못했습니다.

솔솔 부는 바람
시원하다 하면서도
바람이 부는구나! 했었답니다.

생명의 산소
늘 마시고 내보내도
감사한 줄도 모르고 있었습니다.

이제 햇살, 바람, 산소,
아니, 작은 이슬 한 방울까지
감사하며 소중히 간직하렵니다.

하물며 내 곁에 있는 당신이야….

오십의 여인

목 메이도록 울어도 보았고
행복에 겨워 웃기도 하며
굽이굽이 넘어온 오십 고개

집안에선 만능 손
자손들 곱다며
다 퍼주는 멋쟁이 할머니

어느 자리 누구와도
수다 같은 토론도 하는
부담 없는 아줌마

때론 여인이 되어
매만지고 사랑할 줄도 아는
아직은 고운 나이

어디서나 잘 어울리는
인생의 중심축
위대한 오십의 여인

통일이여

통일이여 아침에 떠오르는
태양처럼 찬란하게 오소서

동산의 솔바람처럼
고요히 우리 곁에 다가와

언제나 그랬다는 듯
다정한 님처럼 살포시 얼싸안고

우리 모두 한마음으로
행복에 노래 부르게 하소서

백두산에서 한라산까지
강강수월래 춤과 노랫소리
널리 울려 퍼지게 하소서

일주(一舟)
박 영 덕

하늘 가슴에 안겨 / 시인도(詩人道)
산 넘고 물 건너 / 물러날 길목에서
시인 심교 / 꺾일 꽃 점입가경
지고지순(至高至純) / 진달래 산정(山頂) 탐방
홍순(紅脣)이 열려질 때 / 사랑 바람 타고
솔밭길 환상곡 / 아름다운 진면목
가을 고개 / 망측한 일로만!
봉산동 베니스 / 지존 스승 존전(尊前)
길가 응원 / 귀향기(歸鄕記)
중증실 애사(哀史) / 촌각 여생(餘生)인데
친구 · 2 / 학창 부재 동문회
도전길 살 길 / 우리 대장부 간 곳 없고
칭찬 겨자씨 사랑 / 동방삭이라 한 아이
대선 낙수 / 5.18국립묘지에서
반공 약발 / 무동 탄 웃음
금빛 추억 / 신랑 매달기

「한국수필」 수필 등단
「문학세계」 시 등단
문학세계 공로상 수상
한국수필가협회 회원
세계시인협회 회원
일간경북신문 논설위원장
가정예배서(새가정사간) 공동집필(11년)
평택경찰서 경목위원장
경기도경찰국경목실장으로서 전국경목실장협의회 감사
한광중고 교목
문학세계 운영위원 역임
현) 한국시인협회 · 한국문인협회 회원
　　한기장 원목협의회 회원
　　환자사랑 선교사역원장 겸 원목

e-mail : lonepine@qook.co.kr

하늘 가슴에 안겨 외31편

밉둥 짓으로
살갑게 꼭 껴안아
연두빛 사랑 싹트고

예쁜 짓으로
살포시 폭 안아
희망샘물 찰랑찰랑

못 참아 하는 분(憤)으로
애끓게 부둥켜안아
지혜생수 한 가득

서러운 눈물로
살포시 보듬어 안아
봄꽃으로 화사

시인도(詩人道)

심원(深遠) 혼 길어 올려
말재주 글재주로 희롱질

비속(卑俗) 인생 길라잡이

고비고비 불결지(不潔池) 엑스도스
고즈넉이 심궁(深宮)에 들
고고 심혼(心魂) 심교(深交)로
현란세(絢爛世)에 초연
오롯이 심충(深衷)을 회화(繪畫)

산 넘고 물 건너

산이 좋아
산 따라
메아리 좇고

물이 좋아
물 따라
무지개 좇아

굽이굽이
넘고 건너
잡아서 과욕, 놓쳐서 좌절
숨 몰아쉬며 뒤돌아보니
꿈같은 불귀 세월로 아려

넘쳐수지 않은
해거름길이 바쁜데!

물러날 길목에서

뒤돌아봐 아쉬워도 흡족
부끄러워도 되레 환상 무늬
위상 높이는 종요로운 어귀

먼 지난날 회귀 불가
끔직스러웠던 일마저
화려한 전설로 감미롭고
조롱조롱 추억 아름다워

시인 심교

나부(裸婦)를 탐미(眈美)하는
미검(美劍)은 그들의 몫

심혼(心魂)을 안온히 길어 올려
격 없이 교감 소통

거친 숨결 위험 수위에 초연
심층 심곡 비경으로 자위

세미한 바람결의 미동(微動)에
한 터럭까지 신선 시화(詩化) 축
영원할 영언(永言) 창출로 심교

꺾일 꽃 점입가경

터질 듯 탐스러운 화관(花冠)
청초 수려하여 목첩 근접 황감
천상천하 유아독존일 그때
꺾고픈 불꽃 야욕들 사시로 즐겨

팽팽히 맞설 유일무이 호적수 조우
바칠 의지확정 몽땅 줘 소유쟁취
기발한 두뇌회전이 요람형 매력
언제나 팔딱팔딱 오롯이 탱글탱글
꺾일 여력보존의 여유로움이 고고

속살 쪽 빠져 시들어 배배 꼬인
쇠심줄 외골수 자기도취 일탈
한 모금 절제된 심천 감로(甘露)로
꺾일 의지 내숭떪이 비밀병기

늙정이 고목에 자존심 맹아(萌芽)로
신선화(新鮮花) 피워 낙락(樂樂) 해로

지고지순(至高至純)

떠올릴 때마다
청려(淸麗)한 자모(姿貌)로
수없이 별을 세다 뜬눈

청검(淸儉) 몸에 배어
복 받을 손길로 토실토실 포동-통
심심(深心) 청향(淸香)이 지고(至高)

일급수의 산천어이거니
심곡(深谷) 청청수에 들려하나
지순(至純) 청절(淸絕)로 방향 상실

진달래 산정(山頂) 탐방

겨우 437.5미터 대금산
아늑한 둔덕에 숨차

그만 이제 그만 할 때
한 걸음 후진으로 숨 조절
두 걸음 전진에 분홍빛 세워

비경 진달래 꽃물결
겹겹이 휘감아 용출(聳出)
통쾌 상쾌 연분화관에 깃발을
발룸 발룸 둥근 콧소리 포효
확 트인 바다로 뻥 뚫려

홍순(紅脣)이 열려질 때

뜻 모아 오른 승합이 쪼여
끌끔한 맞춤형 시방(詩房)
읊는 도톰 입술로 접린(接隣)
뜨건 불질로 향훈(香薰) 한가득

시린 심연(深淵) 눈길
초롱초롱 가슴에 불박이고
고고가 넘치는 상큼 응시로
시심(詩心) 심교(深交) 꽃놀이 한판

시향(詩香) 감춰진 꽃봉 감미로워

넝언(氷言) 화음 벗님네로 아울러
종착점 들을 즈음 한 잎 두 잎 펼쳐
황홀 만개로 시우애(詩友愛) 애틋

사랑 바람 타고

헤어질 이유로 확신
이제 그만이야
서로가 양보 없어
철철 넘치는 자신만만
찢어짐이 힘찼다

하루 새 눈에 콩깍지 씌어
밤 지새워 버틸 힘 소진
'세미한 소리'의 절대자
맞이한 엘리야로 환생
미세하게 가랑잎 스쳐도
비몽사몽 천둥 발걸음으로

바람 타고 안겨 와
바람 불어 날씨 청명

솔밭길 환상곡

용암재 넘어 꼬불꼬불
드문 인적 끊겨 동 에덴
잘 자란 솔밭길 들자
청정 계곡 검푸른 숲 속
옹달샘 만나 해갈 시도

손끝으로 맛봄이 감질나
푹 박은 다람쥐 입으로
싱그럽게 그득 채워

쌓이고 쌓인 경륜 따라
한 움큼 한 입 그들먹해
촉촉한 짙푸른 솔 샘 누벼
갈증 푼 튼실한 무골호인

신선 향에 이끌려 푹 잠겨
환상적 맛에 취해 황홀
솔밭이 경쾌하게 춤추며
감미로운 멜로디 쏟아내
내려선 오체감 상쾌 통쾌

아름다운 진면목

변덕맞은 인간사에
'아름답다'할 모범
천태만태로 속물화

사는 동안엔
'아름답다'의 표상 일탈
초연한 삶을 살아 고상

가장 무서운 공포 도가니
잔혹한 막장 죽음 앞에서
어엿하고 비열하지 않아
숭고할 만큼 아름다워

가을 고개

절세 빛깔 만산홍엽
때깔 나게 무르익어
탱글탱글 영글에 탐닉
중중첩첩 경력 위장전입
내공 부재 공력은 빈 수레

기다려 주잖는 세월
애틋한 후회막급으로
염치없이 단장하려 하나
급류 타고 지름길로 속도전

돌아갈 길 못 찾을
요지부동 험산준령 탁 버텨
좋은 시절의 막장을 선포

망측한 일로만!

'우리의 연수가 70이요
강건하면 80이라'는 시편 따라
복지부 노인실태조사 결과에서
51%가 70~74세를 노인 기준치
노후 성생활 중요 사안 견해 65%

'몇 살쯤 돼서 성욕이 사라졌나요?'
'나보다 더 나이 든 이에게 물어봐'
97세 미국 작곡가 유비 블레이크의
명쾌한 대답 당혹감이 비정상일 판

굵고 짧게, 하이웨이에 길들인

문명 이기적 사고에서 일발
멸망의 문 아닌 좁은 문 들어
살 섞일 꼭 조여 정겨워진 오솔길
갈고 닦아 맛깔 낸 감천 보료
한치 오차 없는 한 우물 소금 언약
'기력 쇠하지 아니한 향연 120'
70 중반 주 1회 등정이 모세 후예
'그들의 나이 120이 되리라'

봉산동 베니스

소문난 여수엑스포에 껴들어
인산인해에 부대껴 그로기
와중에도 참한 수채화 남길 양
과욕 부린 비경 구도 잡기로
연 2회 오작동 중에도 매회
두어 차례씩 한치의 오차 없이
'잡어– 잡아' 기음에 충직 요람

조반 후 재도전 3회 작동 성공
빈 속 채워지니 욱일승천
준동이 도도한 노도로 변신
물오름이 더불어 솟구쳐

굉음이 벽을 뚫고 산을 넘어
강력 '잡아'로 두 탕 무자맥질

대세 흐름인 상위 체 받침목
아직 쓸 만한 뗏목으로 엮여
창파에 두둥실 여유작작
남해포구 정박 연육교를 즐겨

지존 스승 존전(尊前)

천자문 오독
안 보시고도 바로 잡음이 척척
취학 전 아(兒)에겐
신선 같으신 엄마
어린 손으로 받고 싶은
미음 한술에 죽음 예감
너무 귀한 눈물 보이셔
왈칵 눈물 쏟자
우리 대장부가 울면 쓰나
여상한 미소의 마지막 상면

미아리 버스 종점 시절
졸지에 대학 고학생

까이네기 진 미아리고개
잔반 실은 자전거로 부쳐
나동글어 덮어 써도
울지 않을 수 있었는데
종로거점 서울거리 누빈
기장의 흰 가운 행렬 속에서
최루탄 맞고 쏟아낸 눈물은
군화발 쓸어내었습니다

길가 응원

엎어지고 자빠질 때
'우리 아가 장사지…'
저만큼서 나동그라질 때
애틋한 손짓을

세파에 휘말려 허우적댈 때
경건한 합장으로 다가와
뜨겁고 간절한 숨결을

요란 벅적 붉은 악마
길거리 광장 응원으로
길 가장자리에 밀려난

엄마의 감춰진 보석 응원이
오늘날 한국을 있게 한 능력

귀향기(歸鄕記)

더 많이
더 빨리
더 크게
꿈으로 자라

포부가 원대
난세(亂世)에 도전
눈이 높아져
역경이 한가득

산 넘어 산 넘는 경난(經難)에
비로소 몸짓이 작아져
나직한 굴뚝 연기 정겹고
알싸하여 눈물 창에 고향 충만

동녘 해는 싱그러운데
서녘 노을이 주마등
명경(明鏡)이거니 수(繡) 놓은

지난 일들 이름다우나
애틋하여 허허탄식(歔歔歎息)

중증실 애사(哀史)

'다시 떨치고 일어날 수 있다면!'
새털 세월 소진 후 희망사항…
변화 없이 살아 허상(虛想)일 뿐

하루를 연 서광(曙光)마저
해거름 미광으로 위태
내일이 불확실

번연히 꺼져가는 등불이련만
기적 바라는 온 가족 간원(懇願)
옆 병상 냉암(冷暗) 숨결에 삼켜
냉회(冷灰)로 남아 초읽기를…

촌각 여생(餘生)인데

콸콸 흐르는 계곡 품은
산을 안아

웅지(雄志)로 비상

물 따라 강 따라
바다로 띄운 의지
세계로의 도약

선택된 대학에서
또 뽑힌 A class 급우들
패권국 짠물 먹어
기대치만 높이고 영주권에 만족

고학에 지쳐
장도에 첫 발도 못 올린 부실이
시(詩) 나부랭이에 한숨만 실어

역류 못할 여생(餘生)이
촌각(寸刻)인데!

친구 · 2

빈부에 초연(超然)
애환에 동연(同然)
우환에 애연(哀然)

높고 낮고, 크고 작음에
많고 적고, 길고 짧음에
의연, 겸허할 수 있어
언제나 함께

학창 부재 동문회

훌쩍 컸을 만도
신학사 문학사 겸 학위 미끼에 물려
똘방똘방 몰려 왔으니

잘난 모습 보재서보다
때 묻지 않은 순박(淳朴) 시절
격 없이 비비적댔던
그 얼굴 그 심성이 고저
권위적 성복까지 벗어 던졌거늘
그때로 회귀가 안개 속

틈새 보석빛 추억낙수 낚아
짜깁기식 한 땀 한 땀 엮어도
예찬 시로 띄워 자위자족

도전길 살 길

거미 같은 미물도
멈칫거리다 피해 가는
산 입이 소중하여
눈물 젖은 빵에
감사를 채우나
올라야 할 고갯길이
너무 벅차 앞이 캄캄

누구에게나 내리는
모진풍파로 쇠진
짊어진 짐에 짓눌려
스스로 한계선 설정
'많이도 참았다'
자포를 합리화시켜
천하를 주고도
바꿀 수 없는 실체의 끈
알량한 주제에 자를 태세
실날 잡은 사투가 얼만데

수고롭고 무건 짐꾼
달려온 길에 죽도록 충성
멍에 벗길 강한 신뢰 결실
세상 끌안으신 사랑으로

'진노하는 자에게 천국을'
신비한 속삭임 들려라

우리 대장부 간 곳 없고

성숙하여 양위할 아들에게
너는 힘써 대장부가 되어라
유언 남긴 다윗은 대장부였으나
지혜의 심벌 정략결혼 대가일 뿐
3대째에 왕국분열로 유훈 빛바래

'우리 대장분데' 스스로 일으킨 엄마
'사내다워야지' 꼼수 싹수 자른 아빠
세 살 버릇 여든까지 양육 뿌리
창동산 일착 등정 꼬마대장기 돌출
해방 직후 초교 많은 연상급우들 중
비굴 열성 담임파 격파 정의 기질로
성직군(群) 총책 호통 군정타도 부조

예언자적 선후배 입 중의 입이듯
교파 총망라 색깔 뚜렷한 정통 인정
군기반장에서 승진 감찰부장 별칭을
텃세 센 지방수장 필로 제압 향토화

70 중반을 70여분 달렸는데 영하 16도
눈 귀 싱싱 쓴소리 필봉은 필주(筆誅)

칭찬 겨자씨 사랑

함께한 내빈들 많은데
가운데 자리로 오셔요
덕스런 시민 곁의 박 시장
오늘 기도도 감동적였습니다
정겨운 의정 활동가 이 의원
목소리 우렁차 박력 넘쳤습니다
중견 변호사 김 자총지회장

상좌 밝힐 정치꾼 행세 일탈
남 먼저 실종 사막바람 창궐에
칭찬이 오아시스, 격 높인 인품
여성대표 청명월 조화로 화답

호국영령추모식 후 식사자리
비기독교 행사장이건만
이 의원 분위기 파악 절묘
우리 목사님 기도로 식사합시다
옆 식탁의 교장님들 향해

왜 아멘 안 하세요
속으로 했지요
나처럼 크게 아-멘 해야죠
화통한 웃음 사랑꽃으로 만발
그들먹하게 식탁 가운데 좌정

동방삭이라 한 아이

초등 3년 때 학예회 연극의
'3년 고개' 잘못 넘은 주인공
땅을 치며 통곡하는 일부터
중국 전한의 전설 속 동방삭
한 번 넘어 3년만 살 것을
넘고 수없이 또 넘어
삼천갑자 연세까지 살았다는
쩌렁쩌렁 울려오는 말 들으며
얼마나 열심히 뒹굴었던지

해방 직후 접할 유일 문화생활
1년 1회 학교 학예회 기다린
강당 채운 만장하신 학부형들
떠나갈 듯 박수갈채 모자란 양
끝나고서 우르르 몰려들어

요리 이쁜 것이 영감쟁이라니
그 기(氣) 나도 받아 보자
끌안고 볼 비비며 환호를

백발 이고 병상마다 순회
강건하게 올리는 기도에
신 불신 떠나 간절히 손 모아
'인명은 재천'의 생명주께서
'연합함이 아름답다'며 내리실
축복을 안겨주는 아이로 성숙

대선 낙수

절대 지지받은
이승만 초대 대통령
맞수 신익희 조병옥
대 이은 급서로 손 안 대고 코푼
내리 두 대 대통령

내각책임제하의 윤보선 대통령
김대중 꺾은 박정희 대통령
거저 얻은 최규하 대통령
계승 대의원제의 전두환 대통령

3김 속 어부지리 노태우 대통령

JP와 합작품의 김영삼 대통령
DJP연합해도 힘든 전선에
이인제 표 분산
이회창 힘들게 누른
김대중 대통령

정몽준 꼼수로 누르고
김대업 초인 병풍에
김대중 업어 얻은 노무현 대통령

김대업 병풍 맛봐
BBK 의혹 철저히 이용한
대형 네거티브로 역풍 맞은
정동영에게 사상 최고 표차로
대승한 이명박 대통령

5.18국립묘지에서

5.18학살자 재판회부를 위한 대책위원장
긴 직함만큼이나 긴 터널 뚫고
5.18기념재단 이사장 걸맞게 맡은

'대학 때 너 인상 참 좋았제!' 하는
동문 강신석 목사 부인까지 대동
약속대로 민주의 문에서 언제나처럼
웃음 가득 포옹하듯 화락하게 만나

영원한 위원장이듯 90도 굽혀 맞는
임직원들과 인사 나누고 산 자료실
추모관을 산증인 해설로 뜨겁게 살펴

군정타도 극렬시위 속에 있는 동안
사형선고 받아 산송장으로 풀려난
후유증의 절름거리는 노구 이끌고도
안내가 자상하여 현장 가운데 선 양
지구의 보듬은 추모탑 사연 진수 각인
광주, 한국까지 넘어 세계를 껴안은
5.18에 감읍 충정 분향 짠하게 의기투합

반공 약발

5.16 쿠데타 주역이
옛 남로당 당원
북한도 중공도
간과할 수 없어 흥분할 때

국시이 제일로 반공을

6.25 상흔 아물지 않아
너 좋고 나 좋아
국민들 전폭적 지지
성공한 혁명 쿠데타

옛 전력 잔재 토질로
용공 친북 싹수 보였으면
너 죽고 나 죽는
망국의 한 남겼을 터

무동 탄 웃음

고희 넘긴 성직 동문부부 모임
하찮은 한마디로도
참깨 볶음으로 고소

119소방서 전화가 몇 번이지
돌고 돌아 닳아빠진
굴타리 먹은 '쌍팔년' 것에도
경쾌한 소프라노 웃음으로
축 처진 바리톤 웃음 충전

기념촬영 중 빗방울 떨어져
현관 안으로 몰려들자
초청동문 확신에 찬 선포
2, 3분이면 그칠 거야
배꼽 잡을 말에도
폭풍전야 정중동이런가
윗 전에 전화해 봤어 맞바람에
비로소 여성 아킬레스 소(笑) 작동
적재적소 만개 웃음 선물

아내 웃음에 무동 타고
잰 얼굴에 감로수 웃음이 만선

금빛 추억

맞춰 가재서 아니라
어울리다보니 수준급
수십 년 유수에도
휩쓸려 씻겨가지 않아
밤 지샌 낚시질에
월척으로 짜릿

신랑 매날기

소문난 미색겸비 신부 맞아
혼례일 신랑 매달기 벼루는
짝사랑 총각들에게 겁먹고
늦깎이 군복무 2종계 김 상병
상급부대 요원 횡포 잘 막아준
박 상병 경호용 우인대표로
왕왕 불구된 불상사 있었기에

의도적 흘려 내보낸 말들로
다듬잇방망이 든 몇몇들
계면쩍게 어슬렁거리다 흩어져
최 고지대 횡성 관내 면소재지
마을 아낙네 입들이 들으라는 듯
신랑 매달아 발바닥 패대야지

어쩔거나 긴장 안 풀린 고것으로
축 늘어진 첫날밤 치르게 할 차

당신으로
심천(深泉)청정수
감미로워 한가득

초판 1쇄 인쇄 | 2013년 2월 15일
초판 1쇄 발행 | 2013년 2월 20일

편집인 | 박 영 덕
발행인 | 윤 영 희

발행처 | 도서출판 동행
출판등록 | 제2-4991호
주 소 | 서울시 중구 을지로 3가 302-18 난빌딩 303호
전 화 | 02-338-2734, 2285-0711
팩 스 | 02-338-2722

정가 10,000원

ISBN 978-89-94227-68-9 03810